우주

궁금한 건 못 참는
어린이 과학

머리말

까만 밤하늘에 아름다운 별이 반짝이고 있어요. 둥근 보름달이라도 뜬 날에는 저 달나라에는 무엇이 있을까 궁금해지기도 하지요. 그리고는 이런 생각을 해 보지요.

우주는 어떻게 생겨났을까?
우주에는 어떻게 갈 수 있을까?
지구처럼 생명체가 사는 별도 있을까?
우주에서도 사람이 살 수 있을까?

지구에 사람들이 점점 많아지면 지구는 사람들로 꽉 차고, 지구가 가지고 있는 자원도 머지않아 바닥날 거라고 해요.

그래서 사람들은 지구처럼 사람이 살 수 있는 또 다른 곳이 우주에 있지 않을까 생각을 하게 되었답니다. 미국이나 일본, 중국과 같은 나라들은 벌써 우주에 우주선을 보내서 우주가 어떠한지 알아보기 시작했지요.

최근에는 우리나라도 최초의 한국형 발사체인 나로호가 화염을 내뿜으며 우주로 날아갔습니다. 또한 다른 나라 못지않게 우주 개발을 위해 노력하고 있답니다.

어린이 여러분들도 신비한 우주에 호기심의 안테나를 세워 보세요. 그러면 이 책이 단숨에 여러분을 우주로 데려다 줄 거예요.

차례

우주로 출발

1. 우주는 어떻게 생겨났나요? • 14
2. 우주도 나이가 있나요? • 16
3. 우주는 밝은가요, 어두운가요? • 18
4. 우주에서는 왜 몸이 둥둥 뜨나요? • 20
5. 우주에도 공기가 있나요? • 22
6. 우주는 추운가요, 더운가요? • 24
7. 우주에 끝이 있나요? • 26
8. 블랙홀이 뭐예요? • 28
9. 맨 처음 우주에 간 생명체는 개라면서요? • 30
10. 맨 처음 우주에 다녀온 사람은 누구인가요? • 32
11. 우주 왕복선이 뭐예요? • 34
12. 우주선의 도킹이 뭐예요? • 36

13. 우주 정거장은 무엇인가요? • 38
14. 인공위성이 하는 일은 무엇인가요? • 40
15. 우주 정거장에서 떠다니는 물건은 어떻게 붙잡아 두나요? • 42
16. 우주 비행사들은 무엇을 먹나요? • 44
17. 우주 비행사들은 어떻게 똥·오줌을 누나요? • 46
18. 우주 비행사들은 샤워를 하나요? • 48
19. 우주복은 왜 하얀가요? • 50
20. 우주 비행사는 우주에서 어떻게 숨을 쉬나요? • 52
21. 우주에서는 어떻게 잠을 자나요? • 54
22. 우주에서는 왜 키가 크나요? • 56
23. 지구로 돌아온 우주인은 바로 걸을 수 없다고요? • 58
24. 우리나라도 우주선을 쏘아 올렸나요? • 60
25. 우리나라 최초의 우주인은 누구인가요? • 62
26. 우주선을 왜 넓고 크게 만들지 않나요? • 64
27. 우리나라 최초의 우주인은 왜 러시아 우주선을 타고 우주에 갔나요? • 66

지구와 달나라 구경

28. 달은 어떻게 생겨났나요? • 70
29. 달이 큰가요, 지구가 큰가요? • 72
30. 달의 분화구는 왜 생겼나요? • 74
31. 달의 모양은 왜 바뀔까요? • 76
32. 달에는 왜 먼지가 많을까요? • 78
33. 달에도 바다가 있을까요? • 80
34. 달에서 자동차를 탈 수 있나요? • 82
35. 달에 생명체가 있나요? • 84
36. 월식이란 무엇인가요? • 86
37. 초승달이나 그믐달은 세계 어디서나 똑같은 모양인가요? • 88
38. 달의 하루와 지구의 하루는 같나요? • 90

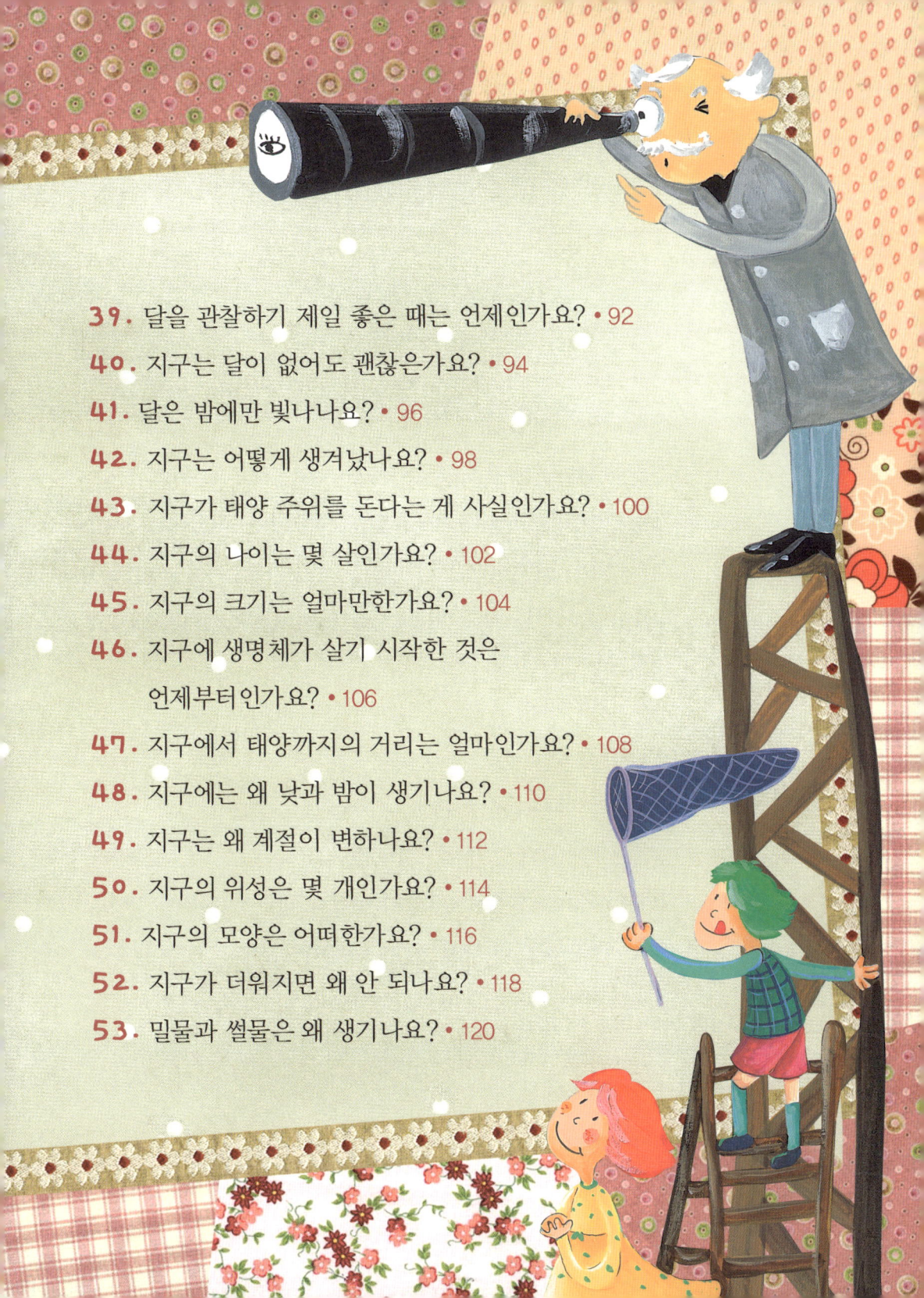

39. 달을 관찰하기 제일 좋은 때는 언제인가요? • 92
40. 지구는 달이 없어도 괜찮은가요? • 94
41. 달은 밤에만 빛나나요? • 96
42. 지구는 어떻게 생겨났나요? • 98
43. 지구가 태양 주위를 돈다는 게 사실인가요? • 100
44. 지구의 나이는 몇 살인가요? • 102
45. 지구의 크기는 얼마만한가요? • 104
46. 지구에 생명체가 살기 시작한 것은 언제부터인가요? • 106
47. 지구에서 태양까지의 거리는 얼마인가요? • 108
48. 지구에는 왜 낮과 밤이 생기나요? • 110
49. 지구는 왜 계절이 변하나요? • 112
50. 지구의 위성은 몇 개인가요? • 114
51. 지구의 모양은 어떠한가요? • 116
52. 지구가 더워지면 왜 안 되나요? • 118
53. 밀물과 썰물은 왜 생기나요? • 120

차례

반짝반짝 별자리

54. 별은 어떻게 생겨나요? • 124
55. 별은 빛깔이 모두 같나요? • 126
56. 별은 왜 반짝이나요? • 128
57. 별똥별이 뭐예요? • 130
58. 별 가운데 가장 밝은 별은 무엇인가요? • 132
59. 별에도 등수가 있나요? • 134
60. 우주에 있는 별은 모두 몇 개일까요? • 136
61. 별은 어떤 모양인가요? • 138
62. 별자리 이름은 누가 지었나요? • 140
63. 별은 밤에만 뜨나요? • 142
64. 가장 밝은 별이 지구와 가장 가까운 별인가요? • 144
65. 별은 영원히 빛나요? • 146

태양이 중심인 태양계

- **66.** 행성, 항성, 위성, 혜성은 무엇인가요? • 150
- **67.** 태양계가 뭐예요? • 152
- **68.** 태양이 없으면 어떻게 될까요? • 154
- **69.** 태양은 무엇으로 이루어져 있나요? • 156
- **70.** 태양은 언제까지 빛날까요? • 158
- **71.** 태양과 지구 가운데 어느 것이 더 큰가요? • 160
- **72.** 일식이란 무엇인가요? • 162
- **73.** 행성은 왜 모두 둥근 모양인가요? • 164
- **74.** 행성은 어떤 모양으로 태양 주위를 도나요? • 168
- **75.** 지구형 행성은 무엇이고, 목성형 행성은 무엇인가요? • 170
- **76.** 소행성이 뭐예요? • 172
- **77.** 화성에 생명체가 있나요? • 174

우주로 출발

우주는 어떻게 생겨났을까요?
우주에서도 사람이 살 수 있을까요?
궁금한 사람은 어서 우주선을 타세요.
그리고 우주로 출발!

이 우주는 어떻게 생겨났나요?

우주는 사람이 나타나기 훨씬 전에 생겨났어요. 그래서 많은 과학자들은 우주가 어떻게 생겨났는지 연구를 했답니다. 그리고 마침내 알아냈지요.

맨 처음 우주는, 거품 같은 모습의 에너지가 가득 차 있는 작은 점이었어요.
어느 날 이 점에서 커다란 폭발이 일어나면서 우주가 생겨났어요.

조금 더 알기!

우주가 작은 점에서 폭발을 일으켜 생겨났다는 주장을 '빅뱅 이론'이라고 해요. 빅(Big)은 '큰'이라는 뜻이고, 뱅(Bang)은 '쾅'이라는 뜻이에요. 그래서 빅뱅은 '대폭발'이라고 하지요.

폭발이 있은 직후 우주는 무척 빠르게 커지기 시작하여 거의 순식간에 지금의 모습을 갖추게 되었답니다. 그리고 놀랍게도 그 때부터 지금까지 우주는 멈추지 않고 계속 커지고 있지요.

우아~
점점 커지네

02 우주도 나이가 있나요?

우주의 나이를 정확히 알기는 쉽지 않아요.
과학자들은 여러 가지 방법으로
우주 나이를 가늠해 보고 있답니다.
가장 많이 알려진 방법은 우주가 커지는 속도를
거꾸로 계산해서 알아보는 방법이에요.
우주는 지금도 계속 커지고 있어요. 그래서 은하와
은하의 사이가 점점 더 멀어지고 있지요.
이 멀어지는 속도와 그 사이의 거리를 거꾸로
계산해 보면 우주의 처음 상태인 **작은 점**이었던
때를 알 수 있답니다.

그렇지 않으면 우주에서 가장 오래된 별들의 나이를
알아내서 우주의 나이를 가늠해 볼 수도 있어요.

이 두 가지 방법으로 짐작해 볼 때 우주 나이는 약 120억 년~140억 년 정도 된답니다.

난 너무 늙었어.

조금 더 알기!

은하란 타원 모양이나 나선 모양으로 수천억 개의 별이 모여 있는 집단을 말해요. 또 은하수는 많은 별이 모여 은빛으로 빛나는 강처럼 보이는 것을 말해요.

03 우주는 밝은가요, 어두운가요?

우주는 어두운 밤처럼 캄캄해요.
반짝반짝 빛나는 별이 있고, 은하가 있는데
왜 어둡냐고요?
그건 암흑 물질 때문이에요. **별이나 은하는
전체 우주에서 약 5% 정도밖에 안 돼요.
그 나머지는 모두 암흑 물질과 암흑 에너지가
차지하고 있답니다.**

그래도 빛나는 별이 있잖아~

암흑 물질은 스스로
빛을 내지 않아요.
별처럼 빛이 나는 물질보다
암흑 물질이 많다 보니
우주는 어두울 수밖에
없겠지요?

아이코~ 캄캄해!

조금 더 알기!

허블 우주 망원경을 아시나요? 미국항공우주국과 유럽 우주국이 함께 개발한 우주 망원경이지요. 1990년 미국의 우주 왕복선 디스커버리 호에 실려서 지구 상공에 띄워진 뒤 우주 관측 활동을 하고 있답니다.

04 우주에서는 왜 몸이 둥둥 뜨나요?

텔레비전에서 우주선을 타고 우주로 날아간 우주 비행사들의 모습을 본 적 있나요? 우주 비행사들이 우주선 안을 둥둥 떠다니고 있었지요? 신기한 이 모습은 우주에 중력이 없기 때문에 일어나는 거랍니다. 중력은 물체가 서로 끌어당기는 힘을 말해요. 특히 지구가 물체를 지구 중심 쪽으로 끌어당기는 힘을 말하지요. 중력 때문에 우리는 공중에 떠다니지 않고 땅에 발을 딛고 살 수 있고, 병에 든 음료수를 컵에 따라 마실 수 있는 거예요. 하지만 우주에는 중력이 없기 때문에 사람 몸뿐만이 아니라 모든 물체가 공중에 뜬답니다.

05 우주에도 공기가 있나요?

우주에도 공기는 있어요. 그런데 우주는 중력이 없기 때문에 공기를 잡아 당겨 우주 공간에 두지를 못해 공기는 우주 멀리멀리 달아나 버린답니다.
그래서 우주에 공기가 있다고 해도 넓은 우주에 퍼져 있기 때문에 아주 적은 양만 있어 없는 것처럼 느껴지지요.
우주에 있는 공기에는 우리가 숨을 쉴 때 필요한 산소는 무척이나 적어요. 산소보다는 수소나 헬륨과 같은 기체가 더 많은데, 이 기체들은 덩어리 형태로 서로 끌어당기는 힘에 의해 흩어지지 않고 별과 별 사이의 빈 공간에 떠 있답니다.

06 우주는 추운가요, 더운가요?

우주의 평균 온도는 영하 270도예요.
"으악, 우주 공간에 있다가는 얼어 죽겠네요!"
그렇지요. 우주는 엄청나게 추운 곳이에요.
우리가 사는 지구는 겨울철 기온이 0도이면
얼음이 어는데, 0도보다 한참 더 온도가
내려간 **영하 270도**이면 어떠할지
상상이 가지요? 우주는 온도가 너무
낮아 물도 끓지 않는답니다.
더욱이 높은 열을 내는 태양과 가까이 있는 별은
온도가 너무 높고, 태양에서 멀리 떨어져 있는 별은
온도가 너무 낮아 생명체가 살 수도 없지요.
하지만 지구는 태양과 적당한 거리를 두고 떨어져

07 우주에 끝이 있나요?

그럼요. 우주에는 끝이 있답니다.
우주는 아주 많은 은하로 이루어져 있어요.
은하는 쉬지 않고 멀어지고 있는데,
은하가 멀어지는 것은 우주가 쉬지 않고
빠른 속도로 커지고 있기 때문이랍니다.
이렇게 계속 커지는 우주에서 제일 멀리 있는
은하가 바로 **우주의 끝**이랍니다.

그런데 우주가 계속 커지기 때문에 우주의 끝은 고정되어 있지 않고 계속 바뀌게 되지요.
이러한 사실을 알아낸 사람이 누구냐고요?
바로 미국의 천문학자 허블이랍니다.

08 블랙홀이 뭐예요?

블랙홀은 우리말로 '검은 구멍'이라는 말이에요. 블랙홀은 별이 폭발할 때 급격하게 수축이 되어 중력이 커진 천체를 말해요.
블랙홀의 중력은 너무 커서 무엇이든 한 번 빨려 들어가면 나올 수가 없답니다. 빛도, 에너지도, 그 어떤 물질도 블랙홀에서는 빠져나오지 못하지요.
블랙홀은 태양보다 무거운 별이 진화의 마지막 단계에서 급격하게 수축을 하여 생기기도 하고, 대폭발로 우주가 생길 때 물질이 덩어리로 뭉치면서 생겨나기도 해요.

아이고 살려줘~

조금 더 알기!

천체란 우주에 있는 모든 물체를 말한답니다. 항성, 행성, 혜성, 위성, 성운, 성단, 인공위성 등이 모두 천체랍니다.

 맨 처음 우주에 간 생명체는 개라면서요?

맨 처음 우주에 간 생명체는 사람이 아니에요. '라이카'라는 옛 소련의 떠돌이 개였답니다. 1957년 11월 3일, 라이카는 우주선 스푸트니크 2호를 타고 우주로 날아갔어요. 아직 우주에 사람이 간 적 없었기에 동물을 먼저 보낼 수밖에 없었지요. 하지만 라이카는 지구로 돌아오지 못하고 우주에서 죽었답니다. 그 당시는 우주선을 다시 지구로 돌아오게 하는 기술이 없었고, 라이카가 탄 우주선의 온도 조절 장치에 고장이 났었거든요.
라이카는 죽었지만, 라이카는 중력이 없는 우주에서도 심장과 혈압이 정상을 유지해서, 우주에서도 온도와 습도가 조절되면 생명체가 살 수 있다는 사실을

알게 했어요. 그 뒤 사람을 태우고 우주로 가는 연구가 활발해졌답니다.

조금 더 알기!

2008년 4월 11일, 지금의 러시아 모스크바 군사 연구소에 맨 처음 우주에 간 생명체인 라이카를 기념하는 동상이 세워졌어요. 2미터 높이의 로켓 꼭대기에 라이카가 서 있는 모습이랍니다.

10 맨 처음 우주에 다녀온 사람은 누구인가요?

옛 소련의 군인이었던 유리 가가린이에요. 유리 가가린은 라이카가 죽은 지 4년 뒤인 1961년 4월 11일, 보스토크 1호를 타고 지구를 한 바퀴 돌고 무사히 돌아왔답니다. 세계 처음으로 사람이 우주선을 타고 우주를 갔다 온 것이지요. 참, 보스토크 1호는 1명만 탈 수 있는 우주선이어서 유리 가가린 혼자 우주를 다녀왔답니다. 유리 가가린은 우주에서 지구를 보고 "지구는 푸른빛이다."라는 유명한 말을 했어요.

유리 가가린은 1968년 비행 훈련을 하다 제트기가 추락

하는 바람에 숨을 거두었답니다.

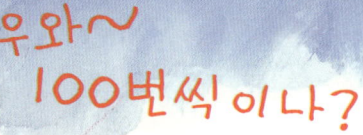

우와~ 100번씩이나?

우주 왕복선이 뭐예요?

우주 왕복선은 사람을 싣고 우주와 지구를 몇 번이고 왔다 갔다 할 수 있는 우주선이에요.
1981년 미국항공우주국에서 처음으로 우주 왕복선을 발사하였답니다.
그 전에는 우주에 갔던 우주선이 지구로 돌아오면 버리고 새 우주선을 만들어 쓰곤 했어요.
우주선을 만들려면 많은 돈과 시간이 드는데, 한 번 쓰고 버리는 것은 참 아까운 일이었지요.
그래서 생각해 낸 것이 우주 왕복선이었어요.
우주 왕복선은 약 100번 정도를 되풀이해서 쓸 수 있답니다.

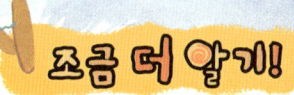 조금 더 알기!

미국항공우주국(NASA)을 아시나요? 줄여서 '나사'라고도 하지요. 미국의 우주 개발에 관한 모든 일을 진행하는 곳이에요. 나사는 지금 아주 큰 우주 정거장 만드는 일을 계획하고 있답니다.

아이고 이게 100번째가?

우주로 출발 35

12 우주선의 도킹이 뭐예요?

"우리나라 최초의 우주인 이소연 씨가 탄 소유스 호가 드디어 도킹에 성공했습니다!"
텔레비전에서 러시아의 우주선 소유스 호의 도킹 장면이 방영되었어요. 어린이 여러분도 보았나요?
그런데 도킹? 도킹이 뭔지 궁금하다고요?
도킹은 우주 공간에서 하나의 우주선이 다른 우주선과 결합하는 일이에요.
우주에는 미리 만들어 놓은 우주 정거장이 있어요. 지구에서 쏘아 올린 우주선은 우주 정거장과 결합을 해서 부족한 연료도 받고, 장비와 물자를 보급받기도 해요. 또 우주 비행사는 타고 간 우주선에서 우주 정거장으로 옮겨 탄 뒤 우주 실험을 하기도 한답니다.

13 우주 정거장은 무엇인가요?

우주 비행사들이 우주에 가면 머물 곳이 있어야 해요. 또 사람이 타고 가는 우주선은 작아서 우주에 있는 동안 쓸 연료를 다 가지고 갈 수 없어요. 그래서 중간에 부족한 연료를 채워 넣을 곳이 필요하지요. 그리고 우주를 탐사할 때 쓸 장비를 갖출 곳도 필요하고요.

우주 정거장은 이러한 일들을 할 수 있게 만들어 놓은 곳이랍니다. 우주 비행사들은 우주 정거장에 머물면서 부품을 조립해서 우주를 탐사할 탐사선을 만들기도 하고, 여러 명의 우주 비행사와 함께 과학 실험을 하기도 해요. 우주 정거장은 우주 공간에 떠 있는 아주 큰 우주선이라고 생각하면 돼요.

우주 정거장 안에는 숨을 쉴 수 있는 공기가 있어서 우주 비행사는 우주 정거장 안에서는 우주복을 입지 않아도 된답니다.

조금 더 알기!

1998년부터 미국항공우주국과 유럽우주기구, 일본, 캐나다, 브라질, 러시아 등 세계 16개 나라가 힘을 합해 국제 우주 정거장을 만들기 시작했어요. 새 국제 우주 정거장은 축구장 두 개를 합친 크기로, 지구에서도 달과 금성 다음으로 반짝이는 별로 볼 수 있다고 해요. 이 곳에서는 7명의 우주 비행사가 머물면서 오랜 동안 우주에 머물 때 사람 몸이 어떻게 변하는지와 중력이 없는 곳에서 할 수 있는 여러 실험을 할 계획이랍니다.

14 인공위성이 하는 일은 무엇인가요?

조금 더 알기!

지금 지구 주위에는 세계 여러 나라에서 쏘아 올린 인공위성이 몇천 개나 떠 있답니다. 이들은 서로 부딪치지 않도록 정해진 방향으로 돌고 있어요. 쏘아올린 지 오래되어 못 쓰게 되거나 고장 난 인공위성들은 지구로 떨어뜨리지요.

인공위성은 사람이 만들어서 지구 주위를 돌도록 만든 물체예요.

이 곳에는 사람은 타지 않고 첨단 관측 기구나 장비만 실려 있어요. 인공위성은 쓰임에 따라 종류가 많아요. 지구를 돌면서 우주에 대한 정보를 알려 주는 천문 관측 위성, 날씨에 관한 자료를 모으는 기상위성, 국제전화를 할 수 있도록 해 주고, 배와 비행기가 안전하게 갈 수 있도록 도와 주며, 전국 어디에서나 텔레비전을 볼 수 있고, 전화를 걸고 받을 수 있게 해 주는 통신위성, 땅에서 군대 무기가 이동하는 것을 감시하는 군사위성 등이 있어요. 참, 요즘 차에 달아 길 찾기 도움을 받는 네비게이션도 인공위성에서 보내는 신호 덕분에 이용할 수 있는 거랍니다.

15. 우주 정거장에서 떠다니는 물건은 어떻게 붙잡아 두나요?

"우주에서는 몸도 둥둥 뜨고, 물방울도 둥둥 뜬다고요?
그럼, 우주선 안의 물건들도 다 떠 있겠네요?
우와, 정신이 하나도 없겠어요."
맞아요. 우주 공간은 중력이 없어서 무게가 있는
물건은 모두 공중에 떠요. 그래서 우주 정거장에 있는
물건들은 모두 단단히 고정시켜 놓아야 해요.
**특히 자주 사용하는 물건들은 '벨크로'를
이용해서 붙여 놓는답니다.**
벨크로가 뭐냐고요? 운동화에 끈 대신 손쉽게 신고
벗을 수 있게 붙였다 뗐다 할 수 있는 것 보았나요?
보통 '찍찍이'라고 하는 것이지요. 벨크로는
우주 공간에서 없어서는 안 될 물건 중 하나랍니다.

16 우주 비행사들은 무엇을 먹나요?

꼬르륵~ 우주 비행사들은 배가 고프면 무엇을
먹을까요? 궁금하지요?
우주에서 먹는 음식을 우주식이라고 해요.
우주식은 우주 비행사의 건강을 지켜주는 음식들로
이루어져 있어요. 우주에서는 요리를 할 수 없답니다.
그래서 우주에서 먹을 음식을 미리 만들어서
냉동시키거나 **가루**로 만들어서 가지고 가지요.

조금 더 알기!

2008년, 러시아의 소유스 호를 타고 우주에 간 우리나라 최초의 우주인 이소연은 볶은 김치, 된장국, 라면, 홍삼차, 녹차 등의 우리 음식을 가지고 우주에 갔어요. 우리 음식의 강하고 자극적인 맛은, 우주 공간에서 입맛을 잃기 쉬운 우주인들에게 인기가 있었답니다. 우리나라 우주 식품 개발 기술이 발전하여 우주 공간에서도 지구에서 먹는 맛과 똑같은 맛을 냈기 때문이었어요. 우리 음식 10종이 우주 식품으로 인정을 받았답니다.

17 우주 비행사들은 어떻게 똥·오줌을 누나요?

우주인들이 머무는 우주 정거장에는 화장실이 있어요. 그런데 우주에서는 몸이 둥둥 뜬다고 했지요? 그러니까 화장실 변기에 앉아 일을 보는 것도 쉬운 일이 아니에요. 그래서 우주인들은 변기에 앉는 것도 미리 연습을 해둔답니다.

똥을 눌 때는 변기에 앉은 뒤 다리를 벨트로 꽉 매야 해요. 그렇지 않으면 몸이 부웅~ 떠오르니까요. **배설물**은 모아 두었다가 가져와서 버린답니다. 오줌은 남자와 여자에 따라 모양이 다른 깔때기를 벨크로로 몸에 붙인 뒤 호스에 대고 누어서 오줌통에 모아요. **오줌**은 걸러서 물로 사용한답니다.

우주 정거장 밖에서는 우주복 안에 기저귀 같은 속옷이 달려 있어서 이 곳에 해결하면 돼요.

18 우주 비행사들은 샤워를 하나요?

지구에서처럼 샤워기를 콸콸 틀어 샤워를 할 수 없어요. 만약 물을 튼다면 공중에 물방울들이 둥둥 떠다닐 테니까요. 왜 그런지는 알지요?
역시 중력이 없기 때문이에요.
샤워와 세수는 젖은 물수건으로 몸을 닦아내는 정도예요. 머리는 샴푸를 묻힌 뒤 수건이나 휴지로 닦아내요. 물로 헹구지 않아도 되는 샴푸를 쓰거든요.
이는 치약 거품이 입 밖으로 나오지 않게 닦은 뒤, 물로 헹구지 않고 그냥 꿀꺽 삼켜요.
삼켜도 되는 치약을 쓰거든요.
물은 지구에서 가져가야 하기 때문에 아주 귀하답니다.

19 우주복은 왜 하얀가요?

우주 비행사 옷이 왜 하얀지 궁금하다고요? 다 까닭이 있어요. 색깔 가운데 흰색과 검정색은 태양빛에 민감하거든요. 흰색은 태양빛을 반사하지만, 검정색은 태양빛을 흡수해요. 어려운가요? 반사는 빛이 닿으면 도로 튕겨버리는 거고요, 흡수는 스펀지가 물을 빨아들이듯이 빛을 쏘옥 빨아들이는 거라고 생각하면 돼요. **우주에서는 태양빛이 무척 강하게 비쳐요. 그래서 우주 비행사들은 뜨거운 빛을 반사시키기 위해 흰색 옷을 입는답니다.** 아, 그런데 우주선이 발사될 때와 지구로 돌아올 때는 오렌지색 우주복을 입는답니다. 사고가 났을 때 구조대원의 눈에 잘 띄게 하기 위해서지요.

조금 더 알기!

우주복은 그 무게만 해도 100킬로그램이 넘는 옷이에요. 우주복에는 산소 공급 장치나 생명 유지 장치 등 여러 기구도 달려 있어서 무척 무겁지요. 그런데 어떻게 우주 비행사가 그 무거운 옷을 입을 수 있냐고요? 우주에는 중력이 없기 때문에 무게가 없어요. 그래서 무게가 0킬로그램이랍니다. 우주 비행사는 우주복을 입고 우주선 밖에서 8시간 정도 일을 할 수 있어요.

우주로 출발 51

20 우주 비행사는 우주에서 어떻게 숨을 쉬나요?

우주는 지구와 무척 다른 곳이에요. 우리가 숨 쉬는 데 필요한 산소도 없고, 우리 몸의 피가 액체 상태로 있도록 해 주는 공기의 압력도 없지요. 공기의 압력이 없으면 우리 몸의 피는 끓어 넘친답니다.
우주 비행사의 몸을 보호하도록 만들어진 **우주복 속에는** 적절한 **압력**이 있고, **산소**가 들어 있어요. 숨을 쉬면 나오는 **이산화탄소**도 없어지도록 만들어 놓았지요. 그래서 우주복을 입으면 공기가 없는 우주에서도 편히 숨쉴 수 있답니다. 그리고 우주복은 위아래가 나뉘어 있지만, 산소가 빠져 나가지 않게 단단히 연결되어 있어요.

21 우주에서는 어떻게 잠을 자나요?

우주 정거장에 도착한 우주인들은 이 곳에서 머물며 생활해요. 밥도 먹고, 운동도 하고, 잠도 자지요. 그런데 잠은 지구에서처럼 편안하게 자지 못해요. 우주 정거장은 하루에 16번 지구를 돌기 때문에 밤낮이 하루에 16번 바뀐답니다. 거기다 우주 정거장에서 나는 소리 때문에 잠을 푹 자기 힘들어요. **잠을 잘 때는** 눈을 가리는 안대를 하고 벽에 걸린 침낭 속으로 들어가 **머리**와 **발**을 끈으로 묶어야 해요. 그러지 않으면 중력이 없어서 몸이 공중에 붕 뜨니까요. 우주에서 잠자기 정말 쉽지 않지요?

22 우주에서는 왜 키가 크나요?

우주에 가면 누구나 키가 3~5센티미터쯤 자라요.
"우와, 신난다. 나도 우주에 가서 키 좀 키웠으면 좋겠다!"
이런 어린이들이 있을 거예요.
그러나 우주에서 큰 키는 지구에 돌아오면 다시 원래의 키로 돌아온답니다. 왜 그러냐고요?

조금 더 알기!

우주에서는 몸의 근육이 줄어들고 피도 줄어들어요. 또 뼈에서 칼슘이 빠져나가 뼈도 약해진답니다. 어지럽고 멀미도 있고, 몸도 퉁퉁 붓지요. 우주에서 살려면 우주 환경에 몸이 맞춰져야 해요. 몸이 튼튼하지 않으면 견디기 힘들지요. 그래서 우주인들은 우주에 있는 동안 하루에 2시간씩 꼭 운동을 해야 한답니다.

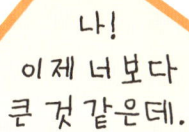

우주에 가면 중력이 없기 때문에
척추 뼈의 사이가 벌어지고
허리가 가늘어져요.
그래서 **원래의
키보다 몸이
늘어나는 거랍니다.**
하지만 지구에 돌아오면
중력으로 인해 벌어졌던
척추 뼈가 다시 붙어
원래의 키로 돌아와요.

23 지구로 돌아온 우주인은 바로 걸을 수 없다고요?

기억나나요? 우주는 중력이 없는 곳이라고 했던 말. 그래서 무게를 가진 모든 물체는 공중에 붕붕 뜬다고 했던 말이요. 지구는 중력이 있어서 걸어 다닐 수 있고 물건이 뜨지 않는 것도요.

우주인들은 우주로 떠나기 전 중력이 없는 곳에서 견딜 수 있는 훈련을 받아요. 마찬가지로 우주에서 지구로 돌아오면 다시 중력에 견디는 훈련을 받아야 하지요.

 # 우리나라도 우주선을 쏘아 올렸나요?

우주선을 쏘아 올리는 로켓과 우주선을 가지고 있는 나라는 미국과 러시아, 중국 이렇게 세 나라뿐이에요. 우리나라 우주 연구는 아직 걸음마 단계랍니다. 하지만 한국항공우주연구원(KARI '카리' 라고 해요.)에서 많은 연구원들이 우리나라 우주 개발을 위해 열심히 일하고 있어요. 이 곳에서는 비행기, 헬리콥터, 글라이더 등의 기술 개발, 인공위성 기술 개발, 인공위성이나 우주선을 싣는 로켓의 기술을 개발하는 일을 한답니다. 이것 말고도 우리나라 우주 개발을 어떻게 할지 계획을 세우기도 하고요. 미국에 미국항공우주국인 나사(NASA)가 있다면 한국에는 한국항공우주연구원인 카리(KARI)가 있는 셈이지요.

25. 우리나라 최초의 우주인은 누구인가요?

한국항공우주연구원은 우리나라에서 최초로 우주에 갈 사람을 모집했어요. 많은 사람들이 신청을 했지요. 마침내 뽑힌 사람은 이소연과 고산이었어요. 이소연과 고산은 러시아에 있는 '가가린 우주인 훈련 센터'에서 1년 동안 우주에서 생활할 수 있도록 훈련을 받았어요. 훈련을 통과해야 우주에 갈 수 있거든요. 훈련을 무사히 마친 두 사람 가운데 이소연이 우주에 가고 고산은 예비 우주인으로 뽑혔어요. **2008년 4월 8일, 이소연은 우리나라 최초의 우주인이 되어 러시아의 소유스 호를 타고 우주 정거장으로 갔어요.** 이 곳에서 10일 동안 머물면서 18가지 우주 과학 실험을 했답니다.

이소연이 한
18가지 우주 과학
실험은 우리나라
우주 개발과 교육적
자료로 사용될 거예요.

조금 더 알기!

예비 우주인은 우주 정거장으로 간 우주인에게 문제가 생겼을 때 그 우주인을 대신해서 우주로 갈 수 있는 사람이에요. 예비 우주인은 지구에 남아 우주인이 우주 정거장에서 맡은 일을 잘 할 수 있도록 돕는 일을 한답니다.

26 우주선을 왜 넓고 크게 만들지 않나요?

우주선을 넓고 크게 만든다면 좋겠지만 그러기 위해서는 힘이 강력한 로켓을 만들어야 해요. 하지만 로켓 하나를 만드는 데 어마어마하게 많은 돈이 들어간답니다.
그래서 우주선을 크게 만들 수 없어요.
우주선이 작기 때문에 한 번에 많은 장비와 연료를 가지고 우주에 갈 수 없어요. 그래서 우주 정거장을 만들어 놓고, 연료나 장비를 미리 우주 정거장에 갖다 놓고 쓴답니다.

우주 정거장

그래서 내가 있잖아.

27 우리나라 최초의 우주인은 왜 러시아 우주선을 타고 우주에 갔나요?

안타깝게도 아직까지 우리나라는 우주선을 만들지 못했어요. 지금 **우주선**을 가지고 있는 나라는 미국, 러시아, 중국 이렇게 세 나라라고 했지요? 이 세 나라 가운데 미국과 러시아는 자기네 나라 **우주선**에 다른 나라 사람을 태울 수 있답니다. 러시아의 소유스 우주선은 3명만 탈 수 있어요. 보통은 2명이 타고, 나머지 1자리는 우주를 가고 싶은 나라나 사람에게 돈을 받고 자리를 판답니다. 그래서 우리나라 한국항공우주연구원이 러시아에 비용을 주고 자리를 사고, 우주에 갈 사람을 뽑은 거예요.

이렇게 하여 2008년 4월에 우리나라 최초의 우주인이 탄생한 거랍니다.

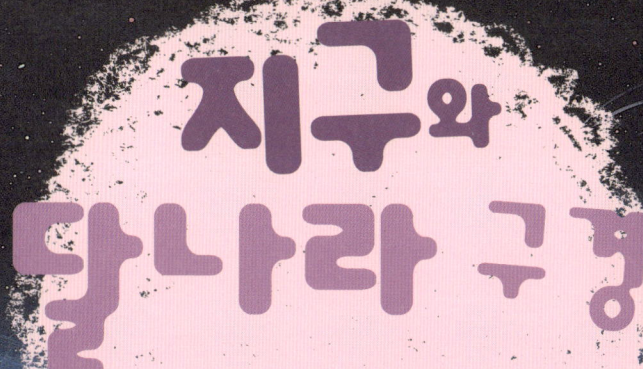

지구와 달나라 구경

우리가 사는 지구는 어떤 곳일까요?
달나라에는 무엇이 있을까요?
아름다운 지구도 보고,
달나라도 구경해 보아요!

28 달은 어떻게 생겨났나요?

달은 우리가 사는 지구 주위를 돌아요.
우주에서 지구와 가장 가까이 있지요.
그런데 아직까지 달이 어떻게 생겨났는지
정확하게 알지 못해요.

이리와~

어떤 과학자는 아주 옛날에 지구가 혹처럼 부풀어 올라 떨어져나간 것이 달이라고 하고,
어떤 과학자는 태양이 만들어진 주변에 생긴 운석인데, 지구가 이것을 끌어당겨 지구 주위를 돌게 한다고 하지요.
다른 과학자는 지구와 달이 가까운 곳에서 동시에 태어난 것이라 하고요, 또 다른 과학자는 달은 우주에 떠 있는 작은 물질이 모여 만들어졌다고도 하지요.
하지만 어느 것도 정확하지 않답니다.

"달달 무슨 달 쟁반같이 둥근 달~"
어둔 밤길을 환히 밝혀 주는 달. 하지만 달은 스스로
빛을 내지 않아요. 달은 태양빛을 받아 반사하여
빛을 낸답니다.

그리고 **달의 크기**는 지구보다,
또 태양보다 더 작답니다.
아니라고요? 태양과 달의 크기가 비슷하다고요?
그건 달이 태양보다 훨씬 더 지구와 가깝게 있기
때문에 그렇게 보이는 거예요. 가까이 있는 것은
크게 보이지만 먼 곳에 있는 것은 작게 보이는
법이니까요.

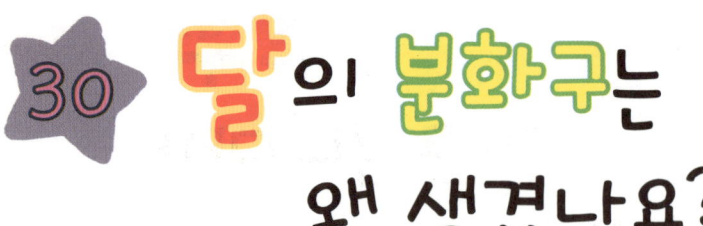

30 달의 분화구는 왜 생겼나요?

달은 군데군데 둥그렇게 파여 있어요. 이것을 분화구라고 하지요. 분화구는 우주를 떠돌던 별이 빠르게 달에 떨어져 폭발을 하면 생긴답니다. "쾅!" 하고 폭발을 하고 나면 그 자리가 푹 파이게 되는데 그것이 바로 분화구이지요.

조금 더 알기!

보름달에 토끼가 떡방아를 찧고 있는 것이 보인다고요? 아니에요. 그건 달에 있는 분화구나 산 모습이에요. 분화구나 산의 검은 모습이 먼 지구에서 보니 토끼처럼 보이는 거예요.

31 달의 모양은 왜 바뀔까요?

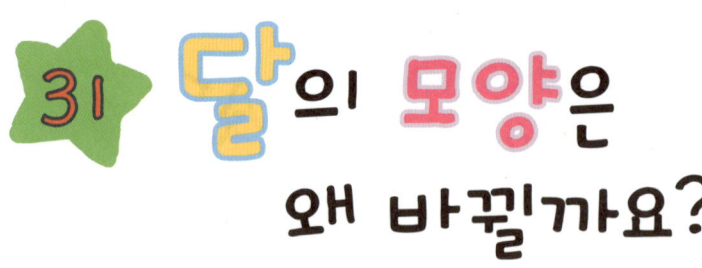

보름달, 초승달, 반달…….
달 모양마다 붙여진 이름이지요. 그럼, 달 모양이 커졌다 줄어들었다 하는 걸까요? 그렇지 않아요. 달의 모양은 언제나 둥근 모양이에요. 그런데 이렇게 모양이 바뀌는 것은 달이 지구 주위를 돌 때 햇빛이 비치는 부분이 날마다 조금씩 바뀌기 때문이에요. 그래서 초승달이 되었다가 반달이 되었다가 보름달이 되었다가 그믐달이 되는 거예요. 달이 지구 주위를 한 바퀴 도는 데는 한 달이 걸려요. 그래서 달의 모양은 한 달마다 같은 모양이 된답니다.

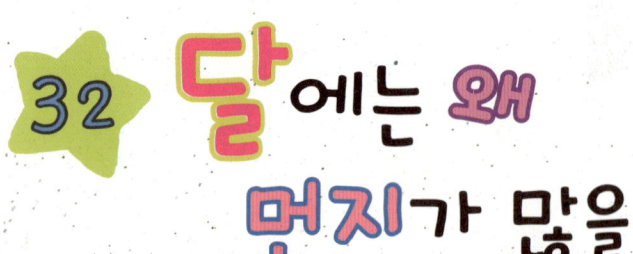

32 달에는 왜 먼지가 많을까요?

달 위로 크고 작은 별똥별들이 끊임없이 떨어지고, 먼지를 만들어 퍼뜨려요. 그래서 달의 겉 부분은 두껍고도 고운 먼지로 가득 덮여 있답니다.

아이고 먼지~

물도 공기도 없어서 그래.

달에는 공기도 없고, 물도 없고, 바람도 불지 않으며, 비도 내리지 않아요. 그래서 달의 고운 먼지에 발자국을 찍으면 지워지지 않고 남는답니다.

1969년, 우주선 아폴로 11호를 타고 달에 처음으로 간 우주 비행사 암스트롱의 발자국은 지금도 남아 있다고 해요.

부딪힌다~

조금 더 알기!

1969년, 미국의 아폴로 11호가 두 명의 우주 비행사를 태우고 달에 도착했어요. 달에 내린 우주 비행사들은 달에서 돌을 주웠어요. 그리고 그 돌을 지구로 가지고 와서 실험을 했답니다. 달에 먼지가 많다는 것은 이 때 알게 되었어요.

33 달에도 바다가 있을까요?

달을 보면 토끼가 떡방아를 찧고 있는 것처럼 생긴 거무스름한 얼룩이 보여요.
아주 옛날 과학자들은 달을 관찰하면서 검게 보이는 부분은 물이 가득 차 있을 거라고 생각했어요.
그래서 이 곳을 바다라고 생각하고 바다 이름을 붙였답니다. '비의 바다', '맑음의 바다', '고요의 바다', '위난의 바다', '감로의 바다', '구름의 바다' 등등……. 하지만 아폴로 우주선이 달에 가 보니 달에는 바다가 없었어요.
달은 물도 공기도 없는 곳이었지요.
알고 보니 검게 보인 것은 용암이 흘러나와 굳어서 생긴 거였답니다.

 34 달에서 자동차를 탈 수 있나요?

그럼요.
달에서도 자동차를 탈 수 있어요.
달에서 타는 차를 **월면차**라고 한답니다.
1969년 미국의 아폴로 11호가 달에 갔을 때
우주 비행사들은 우주선에서 내려 월면차를 타고
달을 돌아다녔어요. 월면차는 우주 비행사들이
힘을 적게 들이고 달의 여기저기를 돌아다닐 수 있고
달에서 주운 돌도 싣고 우주선으로 돌아올 수 있게
해 주었지요.
그럼 그 자동차는 어떻게 했냐고요?
지구로 가지고 오지 않고 그대로
달에 두고 왔답니다.

35 달에 생명체가 있나요?

생명체란 풀, 나무, 동물, 사람……. 등처럼 죽지 않고 살아 있는 모든 것을 말한답니다.
그럼, 달에도 이런 생명체가 있을까요?
안타깝게도 없답니다. 생명체가 살려면 공기도 있어야 하고, 물도 있어야 하는데, 달에는 물도 공기도 없답니다.

으~~
숨쉬고 싶어.

36 월식이란 무엇인가요?

잘 돌고 있지?

달이 지구 뒤에 있으면 월식이고,

달이 태양과 지구 사이에 있으면 일식이야.

달이 지구의 그늘에 가려져 빛을 전혀 못 받으면 개기월식이지.

우주에는 우리가 사는 지구도 있고, 반짝이는 태양도 있고, 달도 있어요. 이 가운데 지구는 태양 주위를 돌고 있고, 달은 지구 주위를 빙빙 돌고 있답니다. **그런데 어느 순간 지구가 태양과 달 사이에 들어가면 달은 지구의 그림자 안으로 들어가게 되는데, 이것을 월식이라고 해요.**

달이 지구의 그림자 안에 전부 들어가면 개기 월식, 일부분만 들어가면 부분 월식이라고 하지요.
월식은 1년에 3번 볼 수 있고, 보름달일 때만 생기는데, 반드시 태양과 달 사이에 지구가 들어가되 일직선으로 나란히 있어야 한답니다.
월식은 지구의 밤인 곳 어디에서나 볼 수 있어요.
이 때의 달은 어두운 붉은색을 띤답니다.

초금 더 알기!

아주 옛날 사람들은 지구가 네모 모양이라고 생각했어요. 그래서 바다 끝으로 나가면 더 이상 앞으로 나갈 수가 없어 떨어져 죽는다고 생각했지요. 그러나 고대 그리스의 철학자 아리스토텔레스는 달이 지구의 그림자에 들어가는 월식을 보고 지구는 둥글다고 생각했답니다.

 37 초승달이나 그믐달은 세계 어디서나 똑같은 모양인가요?

초승달은 눈썹처럼 생긴 달이에요. 음력 3일에 뜨는데 오른쪽이 볼록한 모양이지요.

그믐달은 음력 26~27일쯤 해뜨기 직전 동쪽 하늘에 뜨는 달이에요. 그믐달도 눈썹처럼 생겼지만 왼쪽이 볼록한 모양이지요.

그럼, 초승달과 그믐달 모양은 세계 어디서나 똑같을까요? 아니랍니다.

지구의 가운데인 적도 근처에서는 달 모양이 스프 접시처럼 무척이나 심하게 기울어져 보인답니다.

적도 근처에서는 태양이 기울어져 돌기 때문에 달 아래쪽에서 달을 비추어 그렇답니다.

조금 더 알기!

황도라는 말을 들어 보았나요?
황도란 하늘에서 태양, 달, 행성들이
움직이는 길을 말한답니다.

 38 달의 하루와 지구의 하루는 같나요?

놀라지 마세요. 달의 하루는 무려
29.5일이나 된답니다.
좀더 쉽게 말하면, 지구는 24시간이
하루이지만,
달은 하루가 **708시간**이랍니다.
달은 약 **14일은 낮**이고,
14일은 밤이라고
생각하면 돼요.

달의 하루는 생각만 해도
끔찍해요.
한낮에는 기온이 125도로
올라가지만, 밤에는 영하
170도까지 내려가거든요.
그러고 보니 지구가 얼마나
살기 좋은 곳인지 알겠지요?

39 달을 관찰하기 제일 좋은 때는 언제인가요?

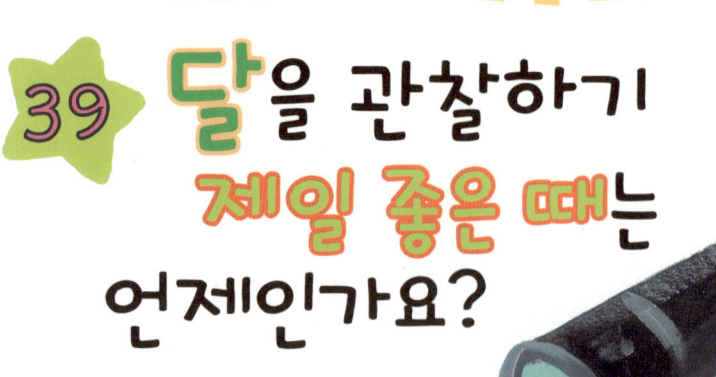

어디~ 관찰해 볼까?

아이 부끄러워~

맨눈으로 달을 관찰하기 좋은 때야 보름달이지요.
하지만 망원경이나 쌍안경으로 달을 관찰할 때는
보름달이 그다지 좋지 않아요. 보름달은 태양이 달을
정면으로 비추기 때문에 달에 있는 언덕, 계곡 등의
그림자가 거의 나타나지 않거든요. 지구에서 달을
볼 때 검은색의 그림자가 나타나야 달에 있는
언덕이나 계곡을 잘 볼 수 있는데 말이에요.
그래서 망원경이나 쌍안경으로 달을 관찰하기
좋은 때는 초승달이나 반달일 때예요.
이 때는 달의 계곡이나 분화구, 언덕 등이
잘 보이거든요.

40 지구는 달이 없어도 괜찮은가요?

"달이 없으면 밤에 좀 어둡겠지만 가로등을 켜면 괜찮을 거예요."

정말 그럴까요? 달이 없다면 지구는 지금과는 다른 모습으로 변한답니다. 지구는 가운데에 축이 있는데, 달은 이 축을 고정해 주는 일을 해요. 그런데 달이 없으면 축을 고정시켜 주지 못해 지구는 쓰러지는 팽이처럼 기울어지게 된답니다. 그러면 지금과 같은 생태계가 계속되지 못하고 새로운 생태계가 만들어질 거예요. 또 달과 태양이 바닷물을 끌어당겨 밀물과 썰물이 생기는데, 이 현상도 일어나지 않아 지구는 더 빨리 돌게 될 거예요. 그러면 하루는 24시간이 아닌 더 빠른 시간이 될 거랍니다.

지구가 빨리 돌면
강한 폭풍이 일어 높이
자라는 식물은 자라지
못하고 바닥에 낮게 깔리는
식물만 자랄 거예요.
동물은 바람을 이기기 위해
앞부분이 둥글고 뒤가
뽀족한 몸을 갖게 되고, 단단한 껍데기 등으로
바람과 돌조각으로부터 스스로를 지킬 수 있게
변할 거예요.

41 달은 밤에만 빛나나요?

낮에는 태양이 뜨고, 밤에는 하얀 달이 뜬다고요?
이렇게 알고 있다면 잘못 알고 있는 거예요.
달은 낮에도 떠 있답니다. 보름달만 밤에 보이고
다른 모양의 달은 모두 낮에도 볼 수 있어요.
안 보인다고요?

그건 낮에는 태양빛이 워낙 밝아서 우리 눈에 달이 보이지 않는 것뿐이에요.

태양이 쨍쨍 빛을 내리쬐기 전인 이른 아침에 하늘을
보세요. 그러면 둥실 하늘에 떠 있는 하얀 달을
볼 수 있답니다.

42 지구는 어떻게 생겨났나요?

지구가 어떻게 생겨났는지 아직까지도 정확히는 알지 못해요. 그저 과학자들이 연구를 해서 몇 가지 상상을 하는 정도이지요. 그 가운데 가장 많이 알려진 것은 지구가 무척 높은 온도의 가스덩어리에서 만들어졌다는 거예요.
또 하나는 태양을 둘러싼 가스덩어리와 우주 먼지가 차게 식은 것이 점점 커지면서

지금과 같은 둥근 모양의 지구가 되었다고 생각하고 있어요. 지금 많은 과학자들은 이것이 맞을 거라고 생각하고 있답니다.

음… 이것이 맞을거야.

43 지구가 태양 주위를 돈다는 게 사실인가요?

우주에 있는 모든 별들은 태양을 중심으로 돌고 있어요. 태양이 모든 별들을 끌어당기기 때문이지요. 지구 역시 태양이 끌어당기는 힘 때문에 태양 주위를 돌고 있답니다. 이것을 어려운 말로 **지구의 공전**이라고 해요. 지구의 공전은 서쪽에서 동쪽으로 이루어지고, 지구가 태양 주위를 한 바퀴 공전하는 데 걸리는 시간은 365일, 다시 말해 1년이랍니다. 지구의 공전으로 우리는 봄, 여름, 가을, 겨울을 맞이할 수 있는 거지요.

조금 더 알기!

태양이 우주의 중심에 있고, 지구를 포함한 우주의 모든 별들이 태양 주위를 돈다는 이론을 '지동설'이라고 해요. 갈릴레이, 케플러, 뉴턴 등의 과학자가 지동설을 주장했어요.

44 지구의 나이는 몇 살인가요?

지구가 언제 생겨났는지 정확히 알지는 못해요. 그래서 지구의 나이를 어림짐작 해 보는 수밖에 없답니다.
과학자들은 지구 나이가 46억 년쯤 된 것을 알아냈어요.
어떻게 알았느냐고요?
달에 있는 돌이나 깊은 바닷속에 있는 돌을 분석해서 언제쯤 생긴 것인지 알아보았거든요.

내 나이 46억 살!

과학자들은 우주에 여러 별이 생길 때 지구도 함께 생겼을 거라고 생각한답니다. 그래서 돌이 생긴 것과 비슷하게 지구도 나이가 그 정도 되었다고 생각하는 것이지요.

45 지구의 크기는 얼마만한가요?

에고~ 창피해

지구의 크기는 인공위성으로 재면 알 수 있어요.
지구 둘레는 약 4만 킬로미터이고,
반지름은 약 6,400킬로미터랍니다.
그런데 지구는 축구공처럼 완전히 동그란 모양이
아니고, 지구를 가로로 반 그은 적도 부근이 볼록한
타원형이랍니다. 그렇기 때문에 지구의 둘레와
반지름이 일정하지 않지요.
지구의 반지름을 적도에서 재면
약 6,380킬로미터이지만,
극에서 재면 약 6,360킬로미터랍니다.

자! 자! 크기를 재볼까나

46 지구에 생명체가 살기 시작한 것은 언제부터인가요?

46억 년 전 지구가 생기고, 얼마의 시간이 흐른
**38억 년 전 바다가 생겼어요.
바다는 서서히 생명체가 생길 수 있는 환경이
만들어졌답니다.** 처음에는 산소가 적어도 살 수 있는
세균이 생겨났어요. 그 뒤 녹색 식물이 생겨났는데,
녹색 식물은 햇빛이 나는 낮이면 이산화탄소를
흡수하고 산소를 내뿜는 일을 했어요.
그러자 지구에는 산소가 많아지기 시작했답니다.
그러자 점점 복잡한 구조를 가진 생명체가 생기기
시작했어요. 물에서 사는 물고기인 어류, 물속과
땅 위 양쪽에서 살 수 있는 양서류, 뱀과 같은 파충류,
하늘을 나는 조류, 새끼를 낳아 젖을 먹여 키우는
포유류 등으로 진화를 하였답니다.

도착했다. 오버~

47 지구에서 태양까지의 거리는 얼마인가요?

꽤 걸리는구먼!!

지구에서 태양까지의 거리는 **1억 5천만 킬로미터** 떨어져 있어요. 빛의 속도로 가면 8분 18초 걸리고, 소리의 속도로 가면 14년 8개월 걸린답니다.

그런데 지구는 태양 주위를 돌 때 둥글게 도는 것이 아니라 타원 모양으로 돌아요. 그래서 지구와 태양의 거리는 주기적으로 조금씩 변한답니다. 1월에는 지구와 태양의 거리가 가장 가까워져 1억 5천만 킬로미터가 조금 안 되고, 7월에는 가장 멀어져 1억 5천만 킬로미터가 넘는답니다.

몇 년 걸릴까?

음… 8분 18초 걸리네.

 # 지구에는 왜 낮과 밤이 생기나요?

팽이를 돌려 보았나요?
팽이가 돌 때 가운데 축을
중심으로 뱅그르르 돌아가지요?
**지구도 팽이처럼 가운데 축을
중심으로 하루에 한 바퀴씩
스스로 돈답니다.** 이를 지구의
자전이라고 해요.

지구가 자전을 하면 낮과 밤이
생긴답니다. 지구가 자전을 하기
때문에 태양이 지구를 비추는 면이
계속 바뀌어요.

지구가 태양을
보는 쪽은 낮이 되고,
그 반대편은 어두운 밤이
되는 거지요.

잘
잤다.

조금 더 알기!

지구의 중심축은 똑바르지 않고 약간 기울어져 있어요. 정확히 23.5도 기울어져 있답니다. 지구의 중심축이 기울어져 있지 않으면, 태양이 뜨는 위치와 높이는 시간마다 똑같고, 밤과 낮의 길이도 늘 같아 계절의 변화는 생기지 않는답니다.

49 지구는 왜 계절이 변하나요?

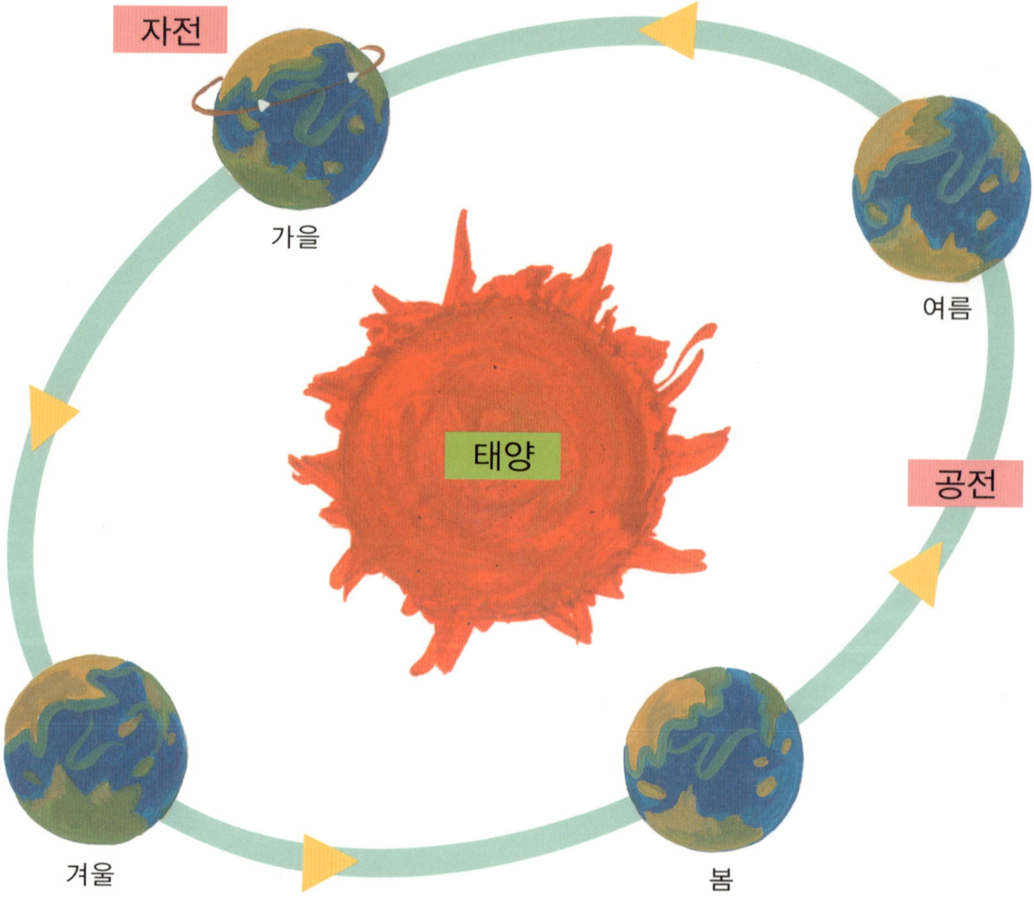

자전
가을
여름
태양
공전
겨울
봄

봄, 여름, 가을, 겨울…….
계절이 생기는 이유가 궁금하지요?
지구는 태양 주위를 1년에 한 바퀴씩
서쪽에서 동쪽으로 돌아요.
이를 지구의 공전이라고 해요.
다시 말해 지구는 스스로 하루에 한 바퀴씩 도는
자전도 하면서 태양 주위를 1년 동안 한 바퀴씩 도는
공전도 하는 거지요. 지구가 자전도 하면서 공전을
하기 때문에 밤낮의 길이가 달라지고,
태양빛이 지구를 비치는 양이
달라져 계절이 변하는
거랍니다.

아이고
돈다 돌아

50 지구의 위성은 몇 개인가요?

위성은 행성 주위를 도는 천체를 말해요.
행성은 또 뭐냐고요? 행성은 태양 주위를 돌며
태양빛을 반사해서 빛을 내는 천체를 말한답니다.
**지구의 위성은 달 1개뿐이에요.
지구가 달을 끌어당기는 힘 때문에 달은
지구 주위를 돈답니다.**
달이 지구 주위를 도는 동안 태양빛을 받는 부분이
달라져 달의 모양이 변하는 거지요. 달이 지구 주위를
한 바퀴 도는 데는 29.5일이 걸린답니다.

51 지구의 모양은 어떠한가요?

지구 모양을 정확히 알 수 있는 방법은 인공위성으로 사진을 찍어 보는 거예요. 사진을 보면 지구는 완전히 둥근 모양이 아니고 적도 부근이 약간 볼록한 공 모양이랍니다.

지구가 둥글기 때문에 항구를 떠난 배는 점점 가라앉는 것처럼 보인답니다. 지구가 편평하다면 배의 크기만 달라질 뿐 전체가 다 보이지요. 높은 곳에 올라가면 볼 수 있는 부분이 더 많아지는 거라든지, 개기 월식 때 비친 지구의 그림자가 둥근 점 등은 모두 지구가 둥글다는 증거지요.

참, 지구가 둥글기 때문에 한 방향으로 계속 가면 처음 출발했던 곳으로 되돌아온답니다.

조금 더 알기!

지구가 둥글다고 맨 처음 말한 사람은 누구일까요? 그리스의 수학자 피타고라스예요. 그 때 사람들은 지구가 네모나다고 생각했는데 피타고라스는 "지구는 공 모양"이라고 말했답니다. 그 이후 아리스토텔레스, 에라토스테네스 등이 지구가 둥글다는 것을 과학적으로 밝혀냈어요.

52 지구가 더워지면 왜 안 되나요?

지구는 옛날보다 평균 온도가 점점 올라가고 있어요.
그 까닭은 석유와 석탄 등의 연료를 많이 사용해서
공기중에 이산화탄소의 양이 많아졌기 때문이랍니다.
또 냉장고, 에어컨 등에 들어가는 프레온 가스도
지구 온도를 높이고 있고요.
이산화탄소, 프레온 가스, 공기중에 있는 수증기는
지구의 열기가 빠져나가지 못하게 한답니다.
그래서 지구 온도가 높아지게 되지요.
이것을 지구 온난화라고 해요. **지구 온난화**는 빙하를 녹게 해서 바닷물의 수면을 높여 섬이나 해안에 사는 사람들의 생활에 피해를 주고, 생태계를 파괴시키며, 홍수, 가뭄 등의 **기상 이변**을 일으킨답니다.

53 밀물과 썰물은 왜 생기나요?

바다는 물이 높아졌다 낮아졌다하는 현상이 일어나요. 높아지는 것은 밀물(만조)이고, 낮아지는 것은 썰물(간조)이라고 하지요. **밀물과 썰물이 일어나는 것은 달과 태양, 지구가 끌어당기는 힘 때문이에요.** 달과 태양, 지구가 일직선에 놓이면 끌어당기는 힘이 강해져 달 쪽으로 향한 바닷물이 부풀어 오른답니다. 바로 밀물이지요. 반대로 태양과 지구와 달이 직각을 이룰 때는 바닷물이 줄어들어 썰물이 된답니다. 밀물과 썰물은 하루에 2번 일어나요.

조금 더 알기!

밀물과 썰물이 일어나는 시간은 12시간 25분으로 매일 50분씩 늦어진답니다. 우리나라에서 밀물과 썰물의 차이가 가장 많이 나는 곳은 서해안이에요.

반짝반짝 별자리

밤하늘을 수놓은 아름다운 별!
별은 어떻게 태어났을까요?
별은 어떤 모양일까요?
아름다운 별나라로 여행을
떠나 보아요!

54 별은 어떻게 생겨나나요?

응애~

별은 가스와 먼지가 뭉쳐 있는 구름에서 만들어져요.
구름에는 다른 곳보다 많은 가스와 먼지가 뭉친 곳이
있어요. 이 곳을 중심으로 더 많은 주위의 물질들을
끌어들여 점점 덩어리가 커진답니다.
덩어리의 가운데는 온도가 점점 올라가고 연한 붉은
빛을 띠다가 점차 밝은 붉은빛을 내게 돼요.
**그러면 가스 속에 있던 수소라는 물질이
헬륨으로 변하게 되는데,
이 때 생긴 에너지로 "반짝!" 빛이 난답니다.**
바로 별이 태어나는 것이지요.

55 별은 빛깔이 모두 같나요?

어린이 여러분은 밤하늘의 별을 그린다면
무슨 색으로 그리고 싶나요?
노랑인가요? 하양인가요?

놀랍게도 별은 한 가지 빛깔이 아니랍니다. **빨간빛**, **파란빛**, **노란빛**, **하얀빛**, **주황빛** 등 다양하지요.
별빛이 여러 가지인 것은 별마다 온도가 다르기 때문이에요. 별은 온도가 높을수록 파란빛을 띠고, 온도가 낮을수록 붉은빛을 띤답니다. 온도가 어느 정도나 되냐고요?
파란빛의 별은 2만 도가 넘고요, 붉은빛의 별은 3천 도쯤 된답니다.

에구… 난 너무 늙었네.

나도 늙었어.

조금 더 알기!

별에도 나이가 있을까요? 그럼요, 온도가 낮은 붉은빛의 별은 나이가 든 별이고요, 온도가 높은 파란빛의 별은 생긴 지 얼마 안 된 젊은 별이랍니다.

56 별은 왜 반짝이나요?

이 말은 틀렸어요. 별은 반짝이지 않는답니다.
그저 반짝이는 것처럼 보이는 것뿐이에요.
별이 반짝거리는 것처럼 보이는 것은 공기의
움직임 때문이에요.
우리가 사는 지구는 공기가 둘러싸고 있어요.
이 공기는 쉬지 않고 소용돌이 치고 있답니다.

찬 공기를 지나 더운 공기를 지날 때 크게 흔들려서 그래.

빈 우주 공간을 지나 지구로 달려온 별빛은
지구의 찬 공기를 지나 더운 공기를 지날 때
크게 흔들려요.

그 흔들림이 우리 눈에는 별이
반짝거리는 것으로 보이는 거랍니다.

음… 반짝반짝.

57 별똥별이 뭐예요?

"앗, 저것 좀 봐, 별똥별이야!"
"별똥별이라고? 별도 똥을 싸나?"
이렇게 말한다면 망신당하기 쉽겠지요?
가끔 밤하늘에 꼬리를 그리며 떨어지는 별이 있어요.
바로 별똥별이에요. 별똥별은 다른 말로 운석, 또는 유성이라고 한답니다.

우주에는 크고 작은 바위 덩어리가 돌고 있는데, 바위 덩어리는 지구가 끌어당기는 힘에 이끌려 지구로 떨어지곤 해요.

58 별 가운데 가장 밝은 별은 무엇인가요?

"저기 저 밝은 별 보이지? 내가 찜한 별이야."
"뭐라고? 저 별은 내가 찜한 별이야.
가장 밝은 별로……. 아, 이름이 뭐더라?"
별 가운데 가장 밝은 별은
큰개자리의 시리우스 별이에요.
시리우스 별은 서로를 끌어당기며 도는
두 개의 별이에요. 두 별 가운데 청백색 별은
태양보다도 더 밝고 온도도 무척 높답니다.

너는 1등
너는 2등

59 별에도 등수가 있나요?

달리기 시합을 하면 1등, 2등, 3등······. 이렇게 등수를 매기지요? 별에도 이처럼 등수가 있어요. 기원전 150년 무렵 그리스의 천문학자 히파르코스는 맨눈으로 볼 수 있는 별의 밝기를 여섯 등급으로 나누었어요.

제일 밝은 별은 1등성, 그 다음 밝은
별은 2등성, 그 다음은 3등성…….
이렇게 6등성으로 나누었지요.
숫자가 클수록 더 어둡고,
숫자가 작을수록 밝은 별이랍니다.
지금은 천체망원경이 발명되어
6등성보다 더 어두운 별도
볼 수 있어요.
1등성은 6등성보다
100배나 더 밝답니다.

60 우주에 있는 별은 모두 몇 개일까요?

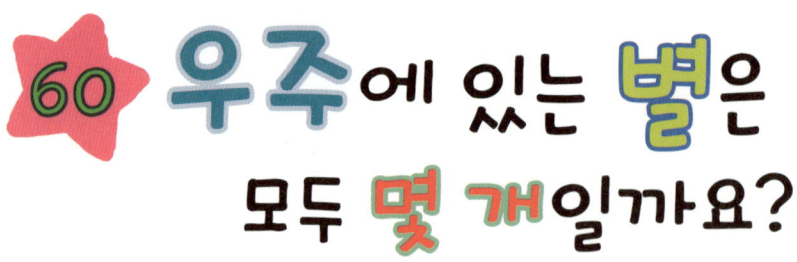

1 2 3 ... 256
아이구~ 너무 많아.
38개
3728
927 5272
4561개

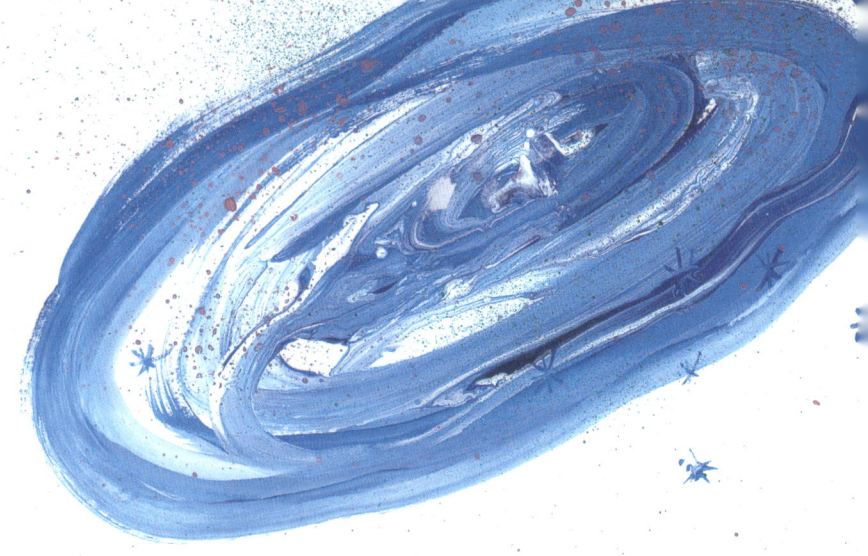

밤하늘 가득 빛나는 아름다운 별은 몇 개나 될까요? 우주에는 우리가 상상할 수 없을 정도로 별이 많아요. **우주에는 천억 개의 은하가 있고요, 그 은하들마다 천억 개나 되는 별들이 있거든요.** 하나의 은하에 있는 별들을 다 보려면 1초씩 6천 년도 더 걸린답니다. 이렇게 별이 많지만 우주 공간은 텅텅 빈 것처럼 보여요. 그것은 은하와 은하 사이가 서로 먼 거리를 두고 떨어져 있기 때문이랍니다.

조금 더 알기!

은하 가운데 지구가 속해 있는 태양계를 비롯하여 수많은 별과 별무리, 성운 등이 모여 있는 커다란 집단을 '우리은하'라고 해요. 우리은하는 소용돌이 모양의 나선형이랍니다.

61 별은 어떤 모양인가요?

별은 그냥 둥그런 모양이에요. 그런데 지구에서 별을 보면 둥근 원에 삼각형이 붙어 있는 것처럼 보이지요. 이것은 별이 지구와 너무 멀리 떨어져 있어서 지구에 도착하는 별빛의 양이 적기 때문에 그렇답니다. 그리고 별빛이 지구에 도착할 때 지구의 공기층을 지나면서 흔들리기 때문이기도 하고요. 그런데 별을 그릴 때 왜 ★ 모양으로 그리냐고요? 그건 옛날 그리스 사람들이 오각형이 가장 안정적인 모양이라고 생각하고, 오각형으로 별을 표시하자고 약속했기 때문이랍니다.

조금 더 알기!

태양과 별 가운데 어느 것이 더 지구와 가까이 있을까요? 태양이랍니다. 태양은 별보다 지구와 가까이 있기 때문에 모양이 둥글게 그대로 보이는 거랍니다.

맨 처음 별자리 이름을 지은 것은 메소포타미아 (지금의 이라크) 지역의 목동들이었어요. **지금으로부터 기원전 3천 년쯤, 목동들은 밤새 양떼를 지키면서 밤하늘의 별들을 관찰하다가 별자리를 만들었답니다.** 황소자리, 쌍둥이자리, 게자리 등 20개가 넘는 별자리를 만들었지요. 그 뒤에는 그리스 사람들이 별자리 이름에 신이나 영웅, 동물의 이름을 붙였어요. 그럼, 지금 별자리는 몇 개일까요? 국제천문학연맹에서 정한 별자리는 88개랍니다.

조금 더 알기!

밤하늘의 별은 모두 움직이고 있는데 단 하나 움직이지 않는 별이 있어요. 북극성이에요. 북극성은 지구 자전축 위에 있어서 움직이지 않는 것처럼 보인답니다. 북극성은 작은곰자리의 꼬리 끝에 있어요. 별이 크기 때문에 쉽게 찾을 수 있답니다.

 63 별은 밤에만 뜨나요?

밤하늘을 수놓았던 그 많은 별들은 낮이 되면
어디로 숨는 걸까요?
어디에 숨었다가 밤이면 짜잔~ 나타나는 걸까요?
그렇지 않아요.
별은 낮에도 하늘에 떠 있답니다.
그런데 왜 보이지 않느냐고요?
태양이 별빛보다 더 강한 빛으로 빛나기
때문이랍니다. 태양의 강한 빛이 별의 빛을 잃게
만들기 때문에 우리 눈에 보이지 않는 것이지요.
새벽녘이나 노을이 질 무렵처럼 태양빛이 강하지
않을 때는 하늘의 별을 볼 수 있답니다.

내가 너무 강렬한가?

아이고 눈부셔~

별이 어딨다는 거야!

64 가장 밝은 별이 지구와 가장 가까운 별인가요?

가까운 곳에 있는 물건은 잘 보이고, 멀리 있는 물건은 잘 보이지 않지요?

그럼, 별도 가장 밝은 별은 지구와 가까이 있는 별이고, 희미하게 빛나는 별은 지구와 멀리 떨어져 있는 별일까요?

아니에요. 별의 거리와 밝기는 상관이 없어요. 별마다 밝기는 큰 차이가 있고, 거리도 달라요. 어떤 별은 지구 가까이 있지만, 희미하게 빛나고, 어떤 별은 굉장히 밝은 별인데, 지구와 멀리 떨어져 있기 때문에 어둡게 보이거든요.

별은 얼마나 오래 빛날까요? 영원히 빛날까요?
아니에요. 별도 어느 순간 빛을 잃고 우주로
사라진답니다.
별은 생긴 지 수십억 년이 지나면 빛이 희미해져요.
그런데 희미해졌던 별이 갑자기 무척 밝아졌다가
얼마 뒤 다시 희미해질 때가 있어요.
이를 '신성'이라고 해요.
신성은 별의 얇은 층이 폭발을 일으키기 때문에
생기는 거예요.

이렇게 몇 번의 작은 폭발을 되풀이한 별은
어느 순간 크게 폭발을 일으키며 우주 공간으로
산산이 흩어진답니다.

조금 더 알기!

별의 신성을 처음으로 알린 사람은 덴마크의 천문학자 '티코 브라헤'
예요. 티코 브라헤는 1573년, 금성보다 더 밝은 별이 나타났으며, 이
별은 '세상이 생기고 나타난 적 없던 기적'이라고 했어요. 그는 이 별
이 희미해질 때까지 485일 동안 관찰했답니다.

태양이 중심인 태양계

태양계란 무엇일까요?
태양계에는 어떤 행성들이 있을까요?
이글이글 불타는 태양이 있는
곳으로 가서 알아볼까요?

66 행성, 항성, 위성, 혜성은 무엇인가요?

행성은 태양 주위를 돌면서 스스로 빛을 내지 못하고 태양빛을 반사해서 빛을 내는 천체를 말해요.

지구, 수성, 금성, 화성, 목성, 토성, 천왕성, 해왕성 등이 행성이에요.

항성은 스스로 빛을 내는 아주 뜨거운 천체를 말해요. 태양처럼 말이에요. 태양 말고도 밤하늘의 별들도 항성이랍니다.

위성은 행성이 잡아당기는 힘 때문에 행성 주위를 도는 천체를 말해요.

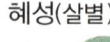

혜성(살별)

지구 주위를 도는 달이 바로 위성이랍니다.
혜성은 가스로 된 긴 꼬리를 달고 태양이나
행성 주위를
타원형으로 도는 작은 천체예요.
우리말로는 '살별'이라고 한답니다.

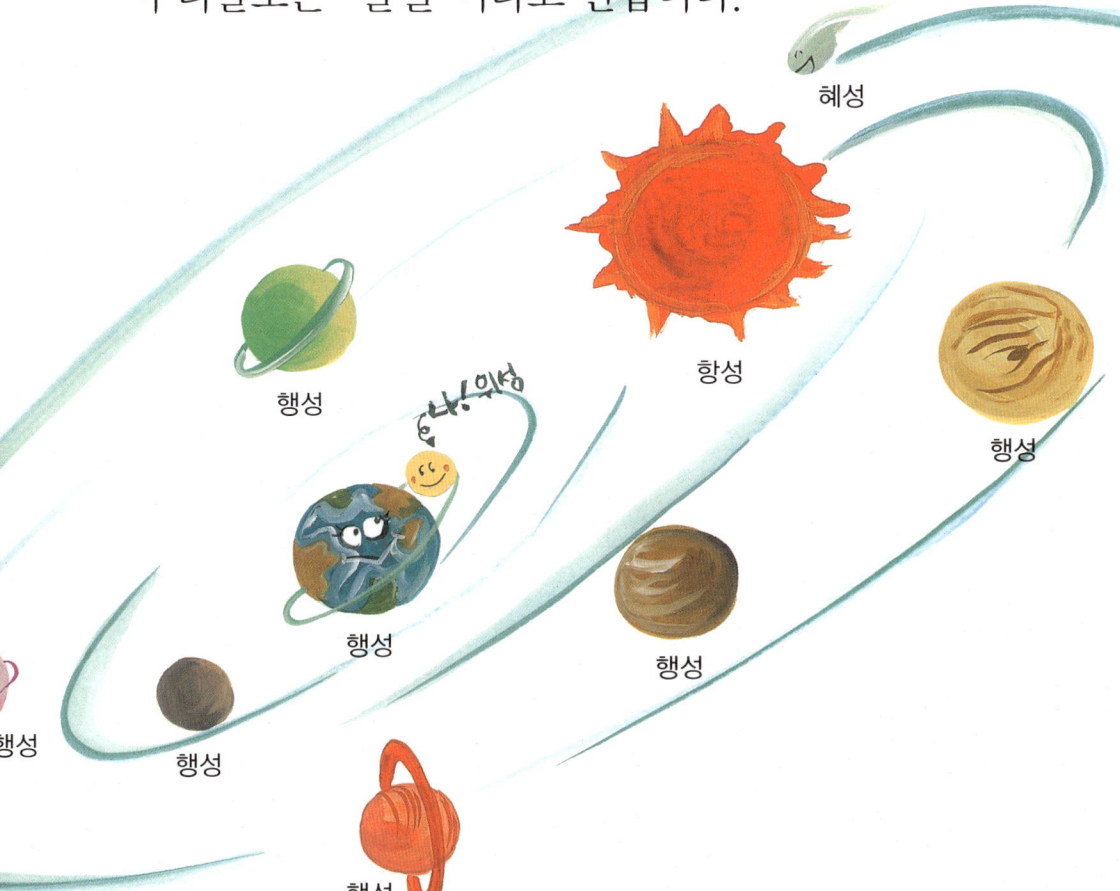

67 태양계가 뭐예요?

태양계는 태양과 태양 주위를 돌고 있는 행성, 위성, 혜성, 소행성, 운석 등으로 이루어져 있어요.

태양계는 태양과 태양에서 가까운 순서로 수성, 금성, 지구, 화성, 목성, 토성, 천왕성, 해왕성 등 8개의 행성이 순서대로 나열되어 있답니다.

또 태양계에는 수많은 위성이 있어요. 지구는 달 1개, 화성은 2개, 목성은 58개, 토성은 47개, 천왕성은 21개, 해왕성은 8개의 위성이 있지요. 그런데 목성이나

토성에서 새로운 위성이 발견되고 있어 위성은 앞으로 더 늘어날 거예요.
그 밖에 화성과 목성 사이에 많은 소행성이 있고, 목성 부근을 지나는 혜성이 있답니다.

조금 더 알기!

2006년 8월 국제천문연맹은 그 전까지 태양계의 9번째 행성이었던 명왕성을 왜소행성으로 분류했답니다. 그래서 지금 태양계의 행성은 8개랍니다.

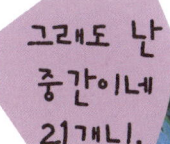

 태양이 없으면 어떻게 될까요?

태양이 없다고 상상해 보세요. **우리는 늘 캄캄한 어둠 속에 살아야 할 거예요. 또 따뜻한 태양빛이 없어 지구는 온도가 뚝 떨어져 사람도, 식물도, 동물도 모두 얼어 죽게 되겠지요.**

태양빛에서 에너지를 얻어 광합성을 하는 식물은 광합성을 하지 못해 양분을 만들지 못하고 모두 죽을 것이며, 식물을 먹는 동물들은 먹이가 없어 굶어죽게 될 거예요. 그러다 보면 사람도 먹을 음식물이 없어 살 수가 없게 되겠지요?

누가 불껐어? 으~ 추워.

69 태양은 무엇으로 이루어져 있나요?

폭발

조심해

조금 더 알기!

태양을 맨눈으로 오래 보는 것은 좋지 않아요. 태양빛이 강해서 눈이 상할 수 있거든요. 태양을 관찰하려면 검은색 책받침이나 불에 그을린 유리판을 눈에 대고 보세요.

지구는 땅도 있고 산도 있는 단단한 고체예요.
**하지만 태양은 수증기처럼 모양이 없고
흩어지기 쉬운 기체가 모여서 만들어진 뜨겁고도
커다란 기체 덩어리**랍니다.

태양은 50억 년쯤 전에 가스와 먼지가 모여 있는
성운에서 생겨났어요. 가스와 먼지가 한데 모이면서
주변의 또 다른 가스를 끌어당겨 점점 커지면서
마침내 스스로 빛을 내는 태양이 만들어진 것이지요.
태양은 거의 전체가 수소와 헬륨이라는 가스로 이루어
져 있어요. 태양의 겉부분 온도는 6,000도쯤 되고요,
중심 부분 온도는 1,500만 도나 돼요. 중심에서는
끊임없이 수소가 폭발을 일으켜 헬륨이 되는데,
이 때 강력한 빛과 열이 생긴답니다. 그 덕분에
우리는 태양빛을 볼 수 있는 거지요.

70 태양은 언제까지 빛날까요?

태양의 나이는 50억 년쯤 되었어요.
그럼, 앞으로 얼마를 더 빛날 수 있을까요?
과학자들이 생각하기에는 앞으로 50억 년은 더 빛날 거라고 해요. 그 이후에는 더 커지면서 붉은빛을 내는 별이 되었다가 식어 지금의 100분의 1 크기로 줄어들 거라고 해요.
그러고는 흰색의 작은 별이 되어

걱정마! 아직 50~60억 년은 거뜬하니까.

어떡하지? 태양이 없어진대!

10억 년쯤 떠 있다가 사라질 거라고 하네요.
태양이 없어지는 끔찍한 일이 생기는 것이지요.
하지만 먼 미래에 일어날 일이니 어린이 여러분,
걱정하지 마세요.

⭐ 태양과 지구 가운데 어느 것이 더 큰가요?

"당연히 태양이 작지요. 저 하늘에 떠 있는 태양을 보세요. 엄청 작잖아요!"

그렇지 않아요. 태양이 작게 보이는 것은 지구와 너무 멀리 떨어져 있기 때문에 작게 보이는 거예요. 지구에서 1억 5천만 킬로미터나 떨어져 있거든요. 지구에서 달까지의 거리보다 약 420배나 더 먼 거리랍니다. 또 태양은 지름이 약 139만 킬로미터로 지구의 지름보다 109배나 더 크답니다. 부피는 지구보다 130만 배, 질량은 지구의 33만 배나 되고요. 어렵다고요? 그렇다면, 태양이 지구보다 어마어마하게 더 크다는 것만 기억하세요!

조금 더 알기!

태양의 겉면에는 까만 점이 있어요. 이것을 흑점이라고 해요. 흑점이 있는 부분은 강한 전기가 흘러 태양 안쪽에서 열이 나오는 것을 막는답니다. 그래서 태양의 다른 겉면보다 온도가 낮지요.

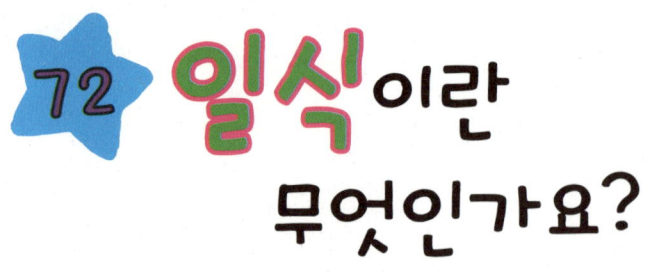
72 일식이란 무엇인가요?

태양계에는 태양과 지구, 달이 있다고 했지요? 지구는 태양 주위를 돌고 있고, 달은 지구 주위를 돌고 있지요. 신기하게도 서로 부딪치지 않고 말이에요. 그런데 어느 날 태양과 지구 사이에 달이 들어가는 순간이 온답니다. 그러면 지구에서는 태양이 달에 가려져 보이게 돼요. 이것을 일식이라고 한답니다.
달이 태양을 완전히 가리면 개기 일식, 한 부분만 가리면 부분 일식, 가운데만 가리고 태양의 둘레는 그대로 있는 것은 금환 일식이라고 해요.

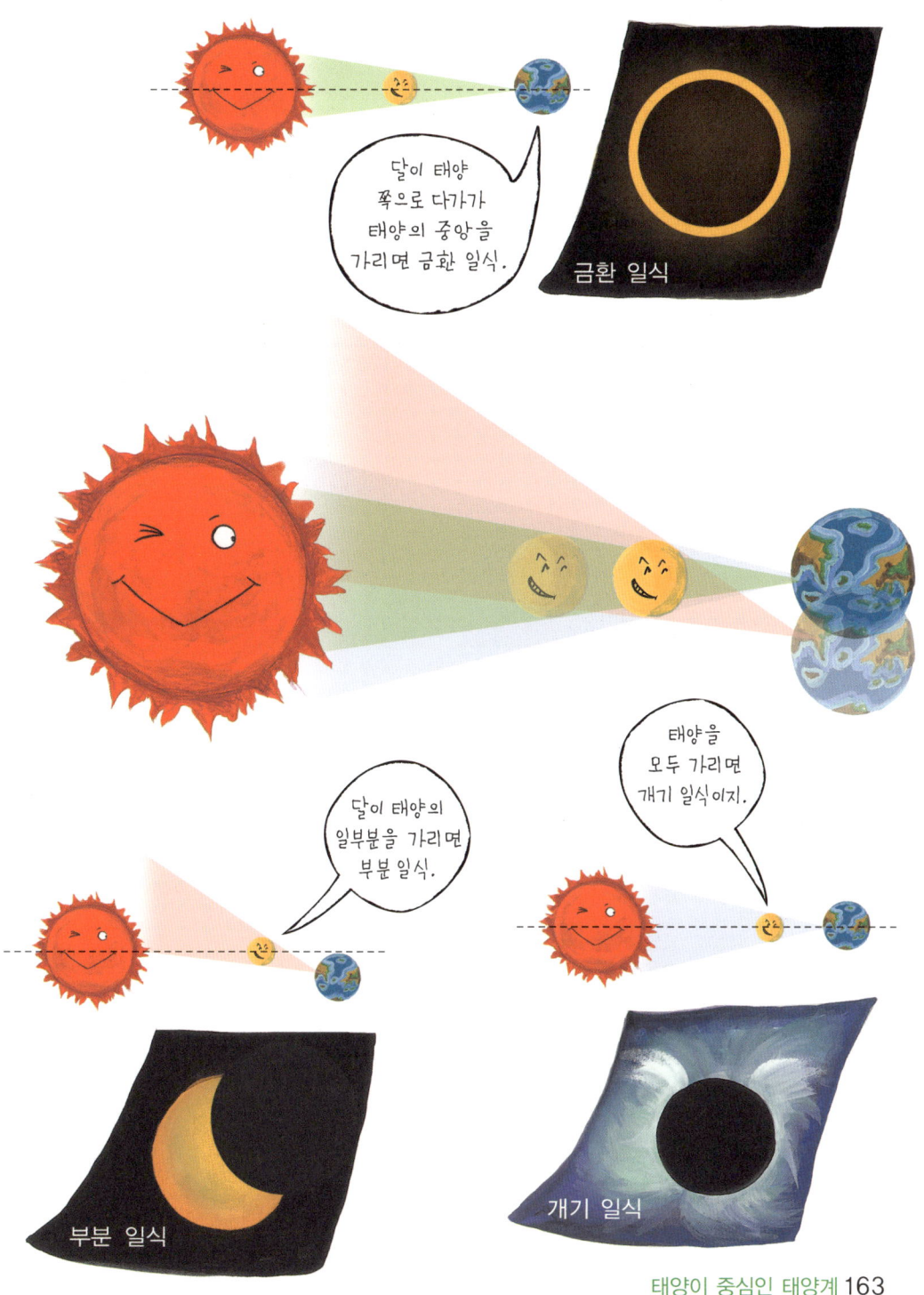

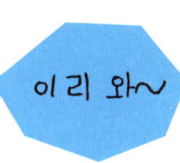

행성들은 모두 모양이 둥글어요. 네모 모양도 있고, 세모 모양도 있다면 구별하기도 쉬울 텐데 말이에요. **행성이 모두 둥근 것은 행성의 중심에서 끌어당기는 중력 때문**이에요. 끌어당기는 힘이 차이가 없이 모든 방향으로 골고루 미치기 때문에 중심에서 표면까지의 거리가 일정한 둥근 모양을 하고 있는 거지요.

 # 행성은 어떤 모양으로 태양 주위를 도나요?

행성은 태양을 중심에 두고 태양 주위를 돌고 있어요.
행성들이 도는 길을 궤도라고 해요. 그럼,
행성들의 궤도는 어떤 모양일까요?
빙글빙글 동그란 원을
그리면서 돌까요?
아니에요.

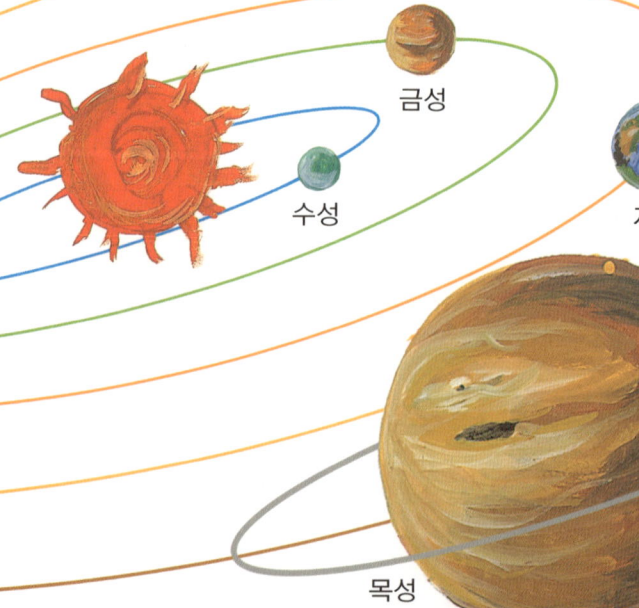

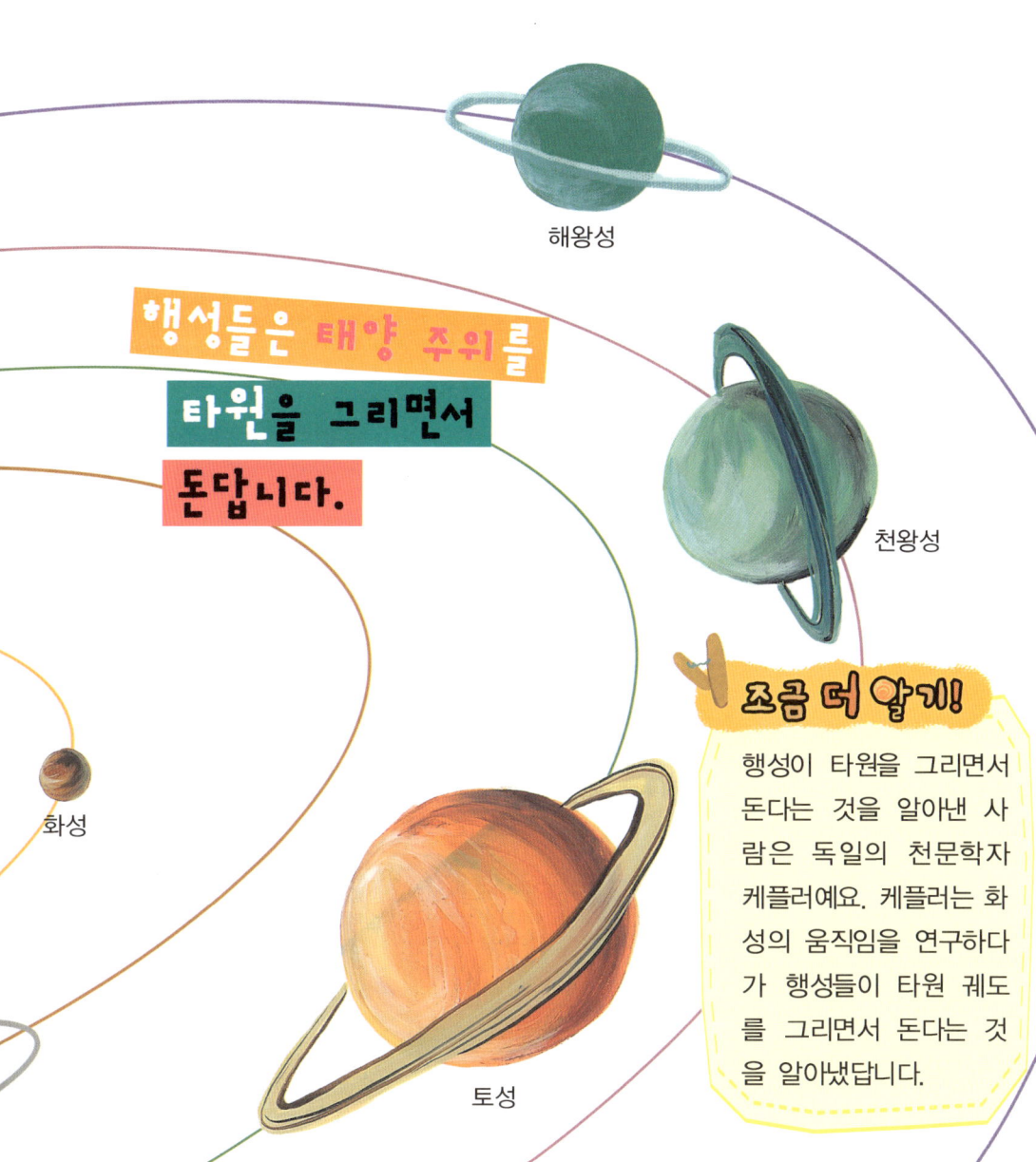

해왕성

행성들은 태양 주위를 타원을 그리면서 돈답니다.

천왕성

화성

토성

조금 더 알기!

행성이 타원을 그리면서 돈다는 것을 알아낸 사람은 독일의 천문학자 케플러예요. 케플러는 화성의 움직임을 연구하다가 행성들이 타원 궤도를 그리면서 돈다는 것을 알아냈답니다.

태양이 중심인 태양계

 75 지구형 행성은 무엇이고, 목성형 행성은 무엇인가요?

태양계에서 태양 주위를 도는 행성은 8개가 있어요. 태양에서 가장 가까운 순서로 수성, 금성, 지구, 화성, 목성, 토성, 천왕성, 해왕성 이렇게 나열되어 있지요. 수성, 금성, 지구, 화성은 지구형 행성이라 하고, 목성, 토성, 천왕성, 해왕성은 목성형 행성이라고 해요. **지구형 행성은 주로 암석으로 이루어져 있고, 표면이 단단한** 고체예요. 크기는 모두 지구와 비슷하지요. 크기가 작기 때문에 위성이 적거나 없어요.

목성형 행성은 수소와 헬륨 등의 가스로 이루어져 표면이 매끄럽고, 지구보다 훨씬 큰 행성들이에요. 많은 위성을 가지고 있으며, 고리가 있답니다.

조금 더 알기!

태양계 행성의 이름은 로마 신화에 나오는 신들의 영어식 이름을 따서 만들었어요. 수성은 머큐리, 금성은 비너스, 화성은 마르스, 목성은 주피터, 토성은 새턴, 천왕성은 우라노스, 해왕성은 넵튠이랍니다.

76 소행성이 뭐예요?

소행성은 말 그대로 작은 행성을 말해요.
워낙 작아서 지구에서는 보이지 않아요.
하지만 소행성도 태양계가 처음 생길 때
같이 생겨났답니다.

**소행성은 태양계의 별들이 생길 때
남은 물질일 수도 있고,
태양계가 생길 때 행성들끼리
크게 부딪쳐 이 때
떨어진 부스러기일
수도 있어요.**

어? 어디 가니?

어느 것도 확실하지는 않아요.
소행성은 화성과 목성 사이에서 태양 주위를 돌고 있어요. 가끔 지구나 다른 행성으로 떨어지기도 해요.
무척 빠르게 떨어지기 때문에 "꽝!" 부딪치면 엄청난 열이 발생한답니다.

아이고~ 아파
이~ 조그만 게

77 화성에 생명체가 있나요?

화성은 지구와 비슷한 점이 많아요.
하루가 24시간이고요, 사계절의 변화도 있어요.
하지만 밤에는 지구의 남극보다 더 추울 정도로
밤과 낮의 온도차가 심하고 물과 공기가 부족해서
생명체가 살 수는 없답니다.
더 정확한 사실을 알고 싶다고요?
1976년 미국항공우주국에서 화성에 우주선
바이킹 1호와 2호를 보냈어요. 그 곳에서
가져온 흙으로 화성에 미생물이 있는지
실험해 보았는데, 아무것도 나오지
않았답니다. 그래서 화성에는
생명체가 없다는 것이 밝혀졌어요.

> 화성에는 생물이 전혀 살지 않는다는군!

우주
궁금한 건 못 참는 어린이 과학

초판 1쇄 발행 2025년 3월 5일

발행인 최명산 **글** 해바라기 기획 **그림** 김진경
디자인 토피 디자인실
펴낸곳 토피(등록 제2-3228) **주소** 경기도 고양시 덕양구 항동로 201, 지엘 메트로시티 1116호
전화 (02)326-1752 **팩스** (02)332-4672

이 책은 저작권법에 따라 보호받는 저작물이므로 무단 전재와 무단 복제를 금지합니다.
ⓒ2025, 토피 Printed in Korea
ISBN 979-11-89187-34-7